Christel Süßmann

Der Dackel Florian und andere Tiergeschichten

Christel Süßmann

Der Dackel Florian

und andere Tiergeschichten

Fischer Verlag

Titelillustration von Milada Krautmann
Innenteil illustriert von Erica Strauhal-Hempel

ISBN 3 439 84539 7

Der Dackel Florian

Der Bauer Johannsen brachte eines Tages den Dackel Florian mit. Er war ein niedliches Tierchen mit langen Hängeohren, ganz krummen, kurzen Beinen, einem buschigen Schwanz und einer großen Sorgenfalte über der Stirn.

Der Bauer setzte ihn mitten in den Hof und sagte: „Der muß erst einmal ordentlich fressen, damit ein richtiger Hund aus ihm wird!"

Florian blickte ihn böse an. War er denn vielleicht kein richtiger Hund?

So saß nun der kleine Dackel auf dem großen Hof und kam sich sehr einsam und verlassen vor.

Langsam kamen die anderen Hofbewohner neugierig näher, um sich Florian anzusehen. Da kamen die Enten, die Hühner, der Ganter, die kleinen Ferkel, und selbst Sieglinde, die große braune Kuh, stellte sich vor Florian auf. Florian wedelte mit dem Schwanz und wollte sich zuerst einmal die Enten näher ansehen. Aber die machten kehrt und rannten davon.

„Oh, was muß ich für ein gewaltiger Hund sein!" dachte Florian.

Nun kam er sich schon viel größer vor.

Er tappste vorsichtig auf die Hühner zu, aber auch die flatterten schleunigst auf den Misthaufen. Da sprang er mutig auf die kleinen Schweinchen los, und zu seiner Verwunderung rannten auch die quiekend weg.

„Ach, was muß ich für ein schrecklich gefährliches Tier sein!" dachte Florian glücklich, denn es hatte ihn sehr gekränkt, daß ihn der Bauer nicht für einen richtigen Hund gehalten hatte.

Er wagte einen Sprung auf den Ganter zu. Der fauchte und zischte, machte aber doch lieber einen großen Bogen um Florian. Zuletzt standen sich nur noch der kleine Dackel und die dicke Sieglinde gegenüber.

„Nä", dachte der kleine Hund, „wenn die jetzt auch noch davonläuft, habe ich vor keinem mehr Angst!" Er sprang auf Sieglinde zu und wagte sogar ein lautes Wauwau!

Sieglinde senkte den Kopf mit den spitzen Hörnern und wiegte ihn verwundert hin und her. Aber bei jedem Bellen tappte sie einen Schritt zurück, bis sie sich ganz kurzentschlossen umdrehte und wieder im Stall verschwand.

Florian reckte und streckte sich, gähnte laut und überlegte, wen er nun noch in die Flucht treiben könne. „Oh, was bin ich für ein Tier, was bin ich für ein großes Tier", sagte er immer wieder vor sich hin.

Am nächsten Morgen begann er zuerst einmal die Jagd auf die Enten. Dann kam der Ganter an die Reihe, danach jagte er die Ferkel durcheinander, fuhr bellend zwischen die Hühner und kniff Sieglinde. Der ganze Bauernhof kam durcheinander.

Nach einer Woche sagte der Bauer: „So geht das nicht weiter mit Florian! Die Hühner legen keine Eier mehr, die Enten laufen ohne Schwanzfedern herum, die Ferkel werden immer magerer, und Sieglinde gibt keine Milch mehr. Florian muß vom Hof!"

Eines Tages kam ein Zirkus ins Dorf. Als der Zirkusdirektor Florian sah, fragte er den Bauern, ob er ihm wohl den Dackel verkaufen würde. „Den schenke ich dir, und noch etwas dazu!" meinte der Bauer, faßte Florian am Schlafittchen und gab ihn dem Zirkusmann, der sich mit tiefen Verbeugungen bedankte.

Nun mußte Florian lernen, wie man durch einen Reifen springt, er mußte sich auf die Hinterpfoten stellen und im Kreise herumlaufen, und schließlich sollte er auch noch seiltanzen lernen.

„Arbeit von früh bis spät", dachte er, „und keinen darf man beißen oder jagen oder auch nur zwicken. Das ist nichts für mich!" Und eines Tages lief er davon. Er hatte ganz vergessen, daß er noch sein Tanzröckchen anhatte und sein lustiges Hütchen auf dem Kopf. In der Ferne sah er einen Wald; dorthin lief er.

Nach zwei Tagen kam er endlich hungrig und japsend vor dem Försterhaus an. Der Förster Bullerjahn trat gerade vor die Tür und wäre beinahe über Florian gestolpert.

„Ja, was ist denn das?" fragte er erstaunt und nahm Florian auf den Arm. Der begann sofort zappelnd und jaulend seine ganze Geschichte zu erzählen, aber der Förster verstand ihn nicht und strich ihm nur immer beruhigend über den Kopf. Er zog ihm zuerst einmal das dumme Röckchen aus und nahm ihm das alberne Hütchen ab. „So", sagte er, „nun bist du wieder ein richtiger Hund, und du sollst auch eine richtige Hundebeschäftigung haben!"

Florian bekam zu fressen und zu trinken, und dann durfte er mitgehen in den Wald. Stolz lief er neben dem Förster her. Und wenn Herr Bullerjahn einen Hasen geschossen hatte, holte ihn Florian. Ja sogar ins Wasser durfte er, wenn der Förster auf Wildentenjagd ging.

Das war ein Leben für Florian! Und wenn er ganz lieb gewesen war, sagte der Förster: „Hol's Mäuschen!" Dann durfte Florian den halben Wald umwühlen. Bald war er der Schrecken aller Eichhörnchen, die ängstlich hinter den dicken Bäumen hervorguckten.

So lebte er viele Jahre im Walde, und als er alt war und den Förster

nicht mehr begleiten konnte, bekam
er ein Kissen neben den großen Ofen
in der Wohnstube gelegt. Und dort
liegt er noch heute und träumt vom
Bauern Johannsen, vom Zirkus und
von seinem Leben im Wald.

Der Esel Ferdinand

Die Geschichte eines Esels,
der zu nichts nütze war.

Dies ist der Esel Ferdinand. Im ganzen Land ist er bekannt als Jahrmarktsesel. Hört mal an, wie er zu diesem Namen kam.

Beim Bauern Siebenkorn war ein Eselkind auf die Welt gekommen. Es lag im Stroh und sah sich verwundert im Stall um. Aber als seine Mutter es leckte und sanft mit dem Maul stupfte, verstand es, daß es aufstehen sollte. Und es versuchte, seine vier langen, steifen Beine zu ordnen, um sich daraufzustellen. Ein paarmal fiel es wieder um, aber endlich blieb es breitbeinig stehen.

Der Bauer kam in den Stall und beguckte es von allen Seiten. Dann meinte er: „Du bist ein schönes, starkes Eselkind und wirst mir später viel helfen können. Wir wollen dich Ferdinand nennen!"

Ferdinand wuchs heran. Eines Tages schleppte der Bauer einen schweren Sack herbei und legte ihn Ferdinand auf den Rücken.

„Was soll das?" dachte Ferdinand ärgerlich und schüttelte sich. Und als der Sack immer noch nicht herunterfallen wollte, hüpfte er ein paarmal mit den Hinterbeinen hoch und dann auch noch mit den Vorderbeinen. In seiner Aufregung hatte er gar nicht gemerkt, daß der Sack schon unten lag.

Der Bauer versuchte es noch einmal und noch einmal. Aber Ferdinand schüttelte die Last immer wieder verärgert ab. „Versuchen wir es morgen noch einmal", dachte der Bauer.

Am nächsten Morgen brachte er also zwei Körbe, die bis obenhin mit Obst und Gemüse gefüllt waren. „Ach", dachte Ferdinand erfreut, „das gibt ja heute ein gutes Frühstück!" Aber schon hatte der Bauer ihm die Körbe über den Rücken gehängt.

Ferdinand guckte mißtrauisch nach rechts und links, und als er sah, was geschehen war, sauste er aus dem Stall. Alle drei Schritte sprang er in die Luft, und bald lagen Kohlköpfe, Tomaten, Äpfel und Gurken umher.

Der Bauer kam ihm nachgelaufen und rief ärgerlich: „Du dummer Esel bist aber auch zu nichts nütze! Morgen wirst du einen Wagen ziehen!"

„Das macht sicherlich Spaß und ist nicht schwer", dachte Ferdinand. Als der Bauer ihn am nächsten Tag vor den kleinen Wagen spannte, hielt er neugierig still. Der Bauer rief: „Hüh-hott, Ferdinand!"

Der Esel wollte fröhlich lostraben. Aber der Wagen rumpelte und ratterte hinter ihm her, so daß er Angst bekam und immer schneller lief. Und je schneller er rannte, desto lauter klapperte der Wagen und um so mehr Angst bekam der kleine Esel. Er raste die Dorfstraße entlang, daß alle Hühner und Enten schnell Reißaus nahmen. Und als ihm gar noch ein Auto entgegenkam, lief er ins Kornfeld vom Herrn Bürgermeister und trat dort das Getreide nieder. Dann ging es holterdiepolter durch den Bach, daß es nur so spritzte und die Fischlein erschreckt ihre Köpfe aus dem Wasser streckten.

Endlich rissen die Leinen, und das Gerumpel hörte auf. Erstaunt sah Ferdinand den zerbrochenen Wagen am Wege liegen. Er schnaufte zufrieden und machte sich auf den Heimweg.

Dort wartete schon der Bauer auf ihn und schimpfte: „Du bist wirklich zu gar nichts nütze, wir werden dich verkaufen!" Zur Strafe bekam er an diesem Abend weniger Heu, aber die kleine Jule brachte ihm, wie schon oft, ein Stück Zucker, legte ihren Kopf an Ferdinands weichen, warmen Hals und sagte: „Armer Ferdi, warum bist du auch immer so wild?"

Aber Ferdinand schüttelte nur versonnen seinen großen grauen Kopf

und klappte ein bißchen mit seinen langen Ohren. Er kam sich gar nicht wild oder böse vor. Er hatte doch nur Angst gehabt vor dem schweren Sack und den Körben und dem rumpelnden Wagen!

Am nächsten Morgen hängte der Bauer ein Schild an den Stall:

„Der Esel Ferdinand
ist zu verkaufen"

Da kam der Müller und sagte: „Ich brauche einen Esel, der mir die Säcke zur Mühle trägt. Ist dein Esel stark?"

„Oh ja", sagte der Bauer, „stark ist er schon, aber er will keine Säcke tragen!"

„Dann kann ich ihn nicht gebrauchen", antwortete der Müller und ging fort.

Am nächsten Tag kam eine alte Bauersfrau und sagte: „Ich möchte den Esel Ferdinand kaufen. Ich bin alt und kann die schweren Kiepen nicht mehr zum Markt tragen."

„Mein Esel trägt keine Kiepen!" sagte der Bauer traurig.

„Dann kann ich ihn nicht kaufen", antwortete sie und ging auch fort.

Danach kam der Lumpenmann und sagte: „Ich brauche einen Esel, der mein Lumpenwägelchen zieht. Ist dein Esel stark genug?"

„O ja, er kann zwei Lumpenwägelchen ziehen und auch einen Sack tragen und noch zwei Körbe dazu, aber er will und will doch einfach nicht. Er ist eben zu nichts nütze!" seufzte der Bauer.

„Jaja", brummelte der Lumpenmann vor sich hin, „es ist halt schlimm, wenn man zu nichts nütze ist." Und er ging auch davon.

So stand nun der Esel Ferdinand den ganzen Sommer im Stall und langweilte sich.

Eines Abends im Herbst kam das kleine Julchen zu ihm und sagte: „Wenn du lieb bist, Ferdi, und mich auf deinem Rücken sitzen läßt, dürfen wir beide morgen auf den Jahrmarkt gehen."

Ferdinand nickte und sagte: „I-a-i-a, du bist leicht, und vor dir habe ich auch keine Angst!"

Am nächsten Tag legte Julchen eine schöne bunte Decke auf Ferdinands Rücken, setzte sich darauf, und sie ritten beide in die nahe Stadt. Als sie angekommen waren, band Jule den kleinen Esel an ein Gitter und sagte: „Sei brav, bis ich wiederkomme!" und sie ging von Bude zu Bude und zu den Karussells.

Inzwischen blieben viele Kinder stehen, um sich den hübschen kleinen Esel anzusehen, und der mutigste Junge band ihn los und setzte sich auf seinen Rücken. Ferdinand war froh über die Abwechslung und trottete fröhlich dahin. Nun wollten die anderen auch reiten, und der Esel trug sie alle im Kreise herum. Er hatte genausoviel Spaß daran wie die Kinder. Jedes Kind schenkte ihm etwas. Zwei banden ihm ihre Luftballons an, eines brachte sein Fähnchen, ein anderes seine Trompete und eins seine Blume, die es am Schießstand gewonnen hatte. Und ein kleines Mädchen gab ihm seine Bretzel. Das machte Ferdinand Spaß!

Am Abend kam der Bauer, um Julchen und den Esel abzuholen. Wie staunte er, als er Ferdinand so schön geschmückt sah! Julchen erzählte ihm, wie es dazu gekommen war.

„Da bist du ja doch zu etwas nütze!" sagte der Bauer froh. Und als der Budenbesitzer nebenan ihn fragte, ob er ihm den Esel verkaufen wollte, überlegte der Bauer nicht lange und sagte: „Du sollst ihn haben, wenn du mir versprichst, daß du gut zu ihm sein wirst. Er will keine Säcke tragen und keine Körbe, er will auch keinen Wagen ziehen, aber er ist sicher ein sehr guter Jahrmarktesel."

So blieb der Esel bei dem Budenbesitzer und zog mit ihm von Jahrmarkt zu Jahrmarkt. Und immer, wenn sich die Blätter der Bäume bunt färbten und es aus jedem Haus nach Zwetschgenkuchen duftete, fuhr Jule in die Stadt, denn dort traf sie jedes Jahr zur gleichen Zeit den Jahrmarktesel Ferdinand, und sie feierten jedesmal ein frohes Wiedersehen.

Der Hund mit den vielen Namen

Unter dem Ebereschenbaum auf dem Heidhügel hatte der Schäfer Hugo sein Lager hergerichtet: eine alte Wolldecke, die nach Erde, nach Schafen und nach Hund roch. Aber das störte den Schäfer nicht. Hier hielt er seine Mittagsruhe.

„Lauf, Strupps!" sagte er zu seinem Hund. „Guck, dort ist Arbeit für dich!" Augenblicklich war Strupps auf den Beinen und trottete eifrig zu den zwei Lämmern, die sich ein Stück von der Herde entfernt hatten.

Ja, er war ein tüchtiger Hütehund, der Strupps! Für ihn gab es nur Ruhe, wenn die Schafe nachts im Pferch waren und er sich in der Hütte daneben mit dem Schäfer zum Schlafen gelegt hatte.

Strupps kam zurück, stellte sich vor seinen Herrn und wollte gestreichelt werden. Schäfer Hugo fuhr ihm über das zottige Fell, das Strupps seinen Namen eingebracht hatte. „Ja, so war es recht, guter Hund!" sagte er.

Strupps war kein Rassehund, sondern ein - ja, das konnte niemand genau sagen. Aber er war hübsch! Nicht sehr groß war er, mit langem, braunweißem Fell und großen

Hängeohren. Nicht zu vergessen seine schönen braunen Augen, die so vergnügt oder vorwurfsvoll oder todtraurig gucken konnten. Manche Leute meinten, Strupps habe Ähnlichkeit mit einem Skyterrier oder einem Langhaardackel oder auch mit einem Spitz. Doch der Schäfer winkte nur ab. Was interessierte es ihn, was Strupps für Rassen in sich vereinte. Hauptsache war doch, daß er ein tüchtiger Hütehund war und daß man ihn liebhaben mußte.

Schäfer Hugo und Strupps waren beide arm, denn die Herde gehörte ihnen nicht. Beide waren nur Hüter, nicht Besitzer der Herde. Strupps liebte Schäfer Hugo, und Hugo liebte Strupps. Sie hielten oft Zwiesprache miteinander, denn die Stunden in der Heide sind lang und einsam. Sie teilten ihr bescheidenes Mahl, sie ertrugen Sonne, Regen und Kälte miteinander - einer gehörte zum anderen wie der Fuß zum Schuh.

Wenn die beiden auf ihrer Decke saßen oder der Schäfer, auf dem Rücken liegend, in den hohen Himmel blickte, drehte auch Strupps seinen Kopf nach oben. Aber seine Gedanken waren im Gegensatz zu

denen des Schäfers, der gerne über Gott und die Welt nachdachte, ganz von dieser Welt: Er hätte gern die vorüberfliegende Krähe erwischt oder vielleicht auch die singende Lerche aus dem Blau des Himmels heruntergeholt. Und da das nicht ging, legte er sich mit wohligem Knurren neben seinen Herrn und schlief ein.

Eines Tages verkaufte der Besitzer die Schafherde an einen Züchter im Süden des Landes. Schäfer Hugo sollte auch dort die Tiere hüten, aber er lehnte ab. Er fühlte sich alt und manchmal recht müde und war zufrieden, daß er nun zu seiner Schwester in die Stadt ziehen konnte, wo er ein warmes Dach über dem Kopf hatte und sich um Speise und Trank nicht zu kümmern brauchte.

Für Strupps war in der engen Stadtwohnung wenig Platz. Schweren Herzens mußte sich der Schäfer von ihm trennen. Er gab eine Anzeige auf, in der man lesen konnte, daß ein hübscher, mittelgroßer, wachsamer Hund in gute Hände abzugeben sei.

Es kamen dann auch mehrere Leute, die einen Hund kaufen wollten, aber wenn sich herausstellte, daß auch sie nur eine Stadtwohnung hatten, sagte der Schäfer ohne Umschweife nein; Strupps sollte viel Auslauf haben, sonst hätte er ihn ja auch selbst behalten können. Andere Leute wollten einen Dackel, einen Terrier oder gar einen großen Schäferhund haben. Und wenn sie sahen, daß Strupps weder eines noch das andere war, sagten sie danke und gingen wieder fort.

Strupps aber ahnte von all den Veränderungen nichts, die auf ihn zukamen. Er trottete voll Unruhe durch die kleinen Zimmer, die winzige Küche und legte sich hechelnd vor die Eingangstür. Er wollte hinaus. Dann ging wohl der Schäfer mit ihm spazieren, doch auch draußen durfte Strupps nicht herumtollen: wegen der vielen Autos mußte er an der Leine laufen. Und weil er das sein Leben lang nicht gewöhnt war, tat er es so ungestüm, daß Schäfer Hugo oft fast hingefallen wäre.

Eines Tages riß das Halsband. Strupps stürmte mit aller Kraft davon. Schäfer Hugo rief und pfiff, und als Strupps nur einmal kurz den Kopf drehte und weiterlief, blickte er versonnen auf Leine und Halsband in seinen Händen. Ob Strupps zurückkommen würde? Ob ihn ein Auto erwischte?

Der Schäfer seufzte. Eigentlich ging es ihm ja auch nicht viel anders als seinem Hund: nach der anfänglichen Freude über das ruhige, sorgenfreie Leben bei seiner Schwester überfiel ihn immer häufiger die Unruhe. Wie sehnte er sich nach den langen Tagen in der Heide, nach dem Blöken der Schafe, nach dem Summen der Bienen, nach den stillen Abenden unter freiem Himmel! Wie gerne wäre er wieder in seiner einfachen Hütte neben dem Schafpferch gewesen, durch deren Fensterritzen das Mondlicht fiel und wo ihm Eulen und Frösche das Nachtlied sangen.

Doch was half das Jammern: seine Herde hütete weit entfernt ein anderer Hirt, und ein anderer Hund trieb die Schafe zusammen. Mochte wenigstens Strupps seine Freiheit haben! Der Schäfer ging heim, stand seiner Schwester nur wortkarg Rede und Antwort und legte sich zu Bett, obwohl es fast noch Nachmittag war.

Inzwischen hetzte Strupps durch die Straßen, als wollte er noch heute in die Heide zurück. Er lief und lief, ohne rechts und links zu blicken, ruhte etwas aus und eilte bald darauf, die Nase am Boden, weiter. Als es Nacht wurde, legte er sich unter einen Busch im Stadtpark. Sein Erscheinen hatte die schlafenden Enten wachgemacht. Aufgeregt quakend stoben sie auseinander und flatterten über den Teich, so daß die wenigen Abendspaziergänger erschreckt zusammenfuhren und nach der Ursache der Aufregung forschten.

Ein Mann warf einen Stein nach Strupps, eine alte Frau versuchte ihn an sich zu locken, aber Strupps entging beiden. Er legte sich schlafen und war seit seinem Umzug in die Stadt endlich wieder in seiner Hundeseele ganz und gar glücklich. Er sah die dunklen Wolken über den Mond hinwegziehen, er meinte bisweilen - schon halb im Schlaf - seine Herde zu hören und zu riechen.

Am Morgen lief er in aller Frühe weiter. Jetzt merkte er auch, daß er seit vielen Stunden nichts mehr in den Magen bekommen hatte. Er stillte seinen Durst an einer Regenpfütze, aber niemand gab ihm etwas Brot oder machte ihm eine Milchsuppe zurecht, wie er sie von der Schwester des Schäfers immer bekommen hatte. Er verweilte sehnsüchtig vor einem Bäckerladen, aus dem es so verheißungsvoll duftete, er wagte sich sogar zwischen die einkaufenden Frauen in einen Metzgerladen. Aber hier wie dort trieb man ihn unsanft davon. Niemand merkte, wie hungrig er war.

Allmählich kam Strupps heraus in die Vororte und weiter auf freies Feld. Nirgends fand er etwas für seinen leeren Magen. In einem Dorf lief er Schulkindern nach, die ihm Brocken von ihrem Frühstücksbrot hinwarfen. Aber als er sie freudig ansprang und mehr haben wollte, liefen sie schreiend davon. Und er war doch noch lange nicht satt!

Strupps begann abzumagern. Sein langes Fell, das der Schäfer oft liebevoll gebürstet hatte, bis es glatt war und glänzte, hing ihm zerzaust um die mageren Flanken. Man sah Strupps an, daß er kein Zuhause hatte.

Als der Hunger ihn immer heftiger plagte, lief er auf einen Schulhof. Ein Papierkorb, in dem ein fortgeworfenes Brot lag, hatte ihn angezogen. Glücklich stürzte er sich bis zu den Hinterbeinen hinein und verspeiste es. Da klingelte es, und eine Menge Kinder stürmte auf den Hof. Schnuppernd lief er zwischen ihnen hin und her.

„Ach, seht doch den armen Hund!" rief ein Mädchen. „Der ist bestimmt krank!" sagte ein anderes. „Faßt ihn nur nicht an, vielleicht ist er bissig, er hat so flackernde Augen!" warnte ein Junge. Manche machten einen großen Bogen um Strupps. „Oder er hat die Staupe, das ist eine sehr schlimme Hundekrankheit!" erzählte ein größerer Junge.

Die Kinder guckten Strupps mitleidig oder ängstlich an. Ein großes Mädchen meinte: „Der Hund ist verhungert! Seht doch seine eingefallenen Flanken und sein ungepflegtes Fell! Schade, daß ich ihn nicht mit nach Hause nehmen kann, aber ihr wißt ja, wir haben zwei Katzen, und mehr Tiere wollen meine Eltern nicht, besonders keinen Hund, weil es Streit mit Muschi und Mohrchen gibt."

Immer mehr Kinder strömten herzu, bis Strupps nicht mehr aus dem Kreis herauskam. Müde legte er sich hin. Satt war er keineswegs.

„Was ist denn hier los?" fragte der Lehrer, der die Pausenaufsicht hatte.

„Ein Hund! Ein armer, verhungerter Hund!" riefen die Kinder.

Strupps blickte in die Runde, dann legte er seinen Kopf ergeben auf die Vorderpfoten und wollte nichts mehr von seiner Umgebung wissen. Ihm war alles gleichgültig, wenn sie ihm nur bald etwas zu fressen gaben!

Der Lehrer nahm ihn ohne Furcht auf die Arme. „Wie mager du bist!" sagte er. Ein paar Kinder wollten ihm ihre Wurstbrote geben, doch der Lehrer wehrte ab: „Es wäre viel besser, wenn er eine warme Haferflockensuppe bekäme; wer weiß, wie lange er schon nichts mehr im Magen hat!

Wir wollen Frau Schlegel fragen, ob sie ihm eine Suppe kochen will!"

„Aber natürlich!" sagte Frau Schlegel, die Hausmeistersfrau, und ergriff schon den Milchtopf. „Er bekommt ein Haferschleimsüppchen wie ein Kind, das einen verdorbenen Magen hat."

Mindestens zehn Kinder standen in der Hausmeisterküche, während die anderen durch das Fenster guckten. Bald war die Suppe fertig, und Frau Schlegel tat noch eine Tasse kalte Milch dazu, denn Strupps hätte sich in seinem Eifer bestimmt die Schnauze verbrannt. Und dann fraß er und fraß und fraß, ohne ein einziges Mal aufzusehen. Zuletzt schob er den leeren Teller mit der Nase durch die ganze Hausmeisterküche.

Die Kinder freuten sich. „Was soll aber nun mit ihm werden?" fragten sie. Viele waren bereit, ihn zu nehmen, aber sie wollten doch zuerst ihre Eltern fragen.

„Ja, fragt nur zu Hause!" sagte der Lehrer. „So lange darf er gewiß bei Frau Schlegel bleiben, nicht wahr, Frau Schlegel?"

„Ei, gewiß doch!" lachte die Hausmeistersfrau. „Ein paar Tage kann der Ajax gerne noch bei uns bleiben!"

„Woher wissen Sie denn, wie der Hund heißt?" fragten die Kinder.

„Ach, ich meine nur so", sagte die Hausmeistersfrau. „Ich finde, er sieht

genauso aus, als wenn er Ajax hieße."
Und sie tat ihm noch eine Kelle voll Suppe auf seinen Teller. Ajax schleckte ihn mit dem größten Eifer leer.

So wurde Strupps nun Ajax genannt. Er fraß und schlief immer abwechselnd, und zwischendurch rannte er vergnügt zwischen all den Kindern auf dem Schulhof hin und her. Niemand hatte mehr Angst vor ihm, und oft mußte der Lehrer die Kinder ermahnen, ihn nur nicht immerfort herumzutragen. Bald war er wieder ganz gesund und dachte nicht mehr an die schlechte Zeit seiner Wanderung hierher.

Alle Kinder liebten Ajax, doch keines holte ihn bei Frau Schlegel ab. So veranlaßte der Lehrer dann, daß Ajax in ein Tierheim gebracht wurde, denn immer konnte er auch nicht bei den Hausmeistersleuten bleiben.

Manfred und Bille brachten ihn also zum Tierheim. Dort kam er mit zwei anderen Hunden in einen Zwinger und bekam wieder einen neuen Namen. Hier hieß er Nero. Er bekam regelmäßig seine Mahlzeiten, er wurde sogar gebürstet, er verstand sich auch mit seinen neuen Hundefreunden und wurde dafür gelobt, aber – er sehnte sich wieder nach Freiheit. Was nützte ihm das beste Futter, wenn er nur immer sechs Schritte vorwärts und sechs zurück laufen konnte!

Eines Tages legte er sich in eine Ecke des Zwingers, verweigerte jegliches Futter und wollte von niemand etwas wissen. Er beachtete auch die alte Dame nicht, die vor dem Zwinger stand und auf ihn zeigte: „Den da möchte ich!" sagte sie. „Er gefällt mir am besten von allen Hunden hier. Komm, Hassolein, du sollst es gut bei mir haben!"

So wurde aus dem Hütehund Strupps, aus Ajax und Nero ein Hasso oder vielmehr ein Hassolein. Er bekam einen schönen geräumigen Hundekorb mit rotkarierten Kissen. Auch das gewölbte Dach war mit rotkariertem Stoff ausgeschlagen. Es war eine Hundewohnung, wie man sie sich nicht hübscher vorstellen konnte. So jedenfalls dachte die alte Frau Federle.

Doch Hasso war anderer Meinung. Das weiche Kissen mochte ja noch angehen, aber der Stoff über dem Kopf störte ihn. Und so biß und riß er ein Stück nach dem anderen davon ab. Frau Federle schimpfte zwar ein bißchen mit ihm, aber sie hatte ihn viel zu lieb, als daß sie ernstlich böse auf ihn gewesen wäre. Nach dem letzten Fleckchen Stoff schlüpfte Hasso schweifwedelnd in sein verändertes Heim. Er verstand nicht, warum man mit ihm schimpfte, und nahm es darum auch nicht tragisch.

Er verstand überhaupt so manches in seinem jetzigen Leben nicht: Wenn es draußen kalt und regnerisch war, bekam er eine Decke auf den Rücken gelegt. Unter seinem Bauch band Frau Federle sie mit zwei Schleifen fest. Sie hatte diese Decke eigenhändig aus grüner Wolle gestrickt und hatte extra grün genommen, weil sie fand, diese Farbe passe

am besten zu Hassoleins braun-wei-
ßem Fell. Zuerst hatte Hasso diesen seltsamen Schmuck nicht dulden wollen und hatte aus Leibeskräften daran herumgezerrt. Aber bald hatte er sich daran gewöhnt, denn „Decke" bedeutete: hinaus in den gro-
ßen Garten dürfen.

Sogar die Zähne mußte sich Hasso putzen lassen, wo er doch schon immer das ausführliche Bürsten nicht leiden konnte! Frau Federle hatte gelesen, daß saubere Zähne für einen Hund genauso wichtig seien wie für Menschen. Und darum also... Wenn er sich diese Prozedur geduldig gefallen ließ, bekam er einen Kuß. Was für ein Unterschied war dieses Leben im Vergleich zu seinem Dasein als Hütehund!

Hasso wurde runder und runder, und niemand konnte ihm mehr ansehen, wie oft er in seinem Leben schon am Hungertuch genagt hatte. Obwohl er nun also schon recht schwer geworden war, trug ihn Frau Federle oft auf ihren Armen durch die Zimmer. Sie herzte und

drückte ihn, daß er aufjaulte, um zu zeigen, daß ihm diese Behandlung Angst einflößte. „Ach, mein Hassolein!" rief Frau Federle ein über das andere Mal und kraulte ihn hinter den Ohren. Sie setzte ihn in die Sofaecke und ging an ihren Schrank, wo sie Schokolade aufbewahrte. Und dann mußte Hasso „schön" machen und bekam ein Stück nach dem anderen.

Auf die Straße mit allen ihren aufregenden Gerüchen und mit all den Hundekameraden kam er nie.

Eines Tages im Frühling hielt es Hasso nicht mehr bei Frau Federle aus. Jede Gelegenheit, wenn er im Garten war, nutzte er aus, um ein

Loch unter dem Zaun zu graben, groß genug, die Freiheit wiederzuerlangen.

Und eines Morgens war es dann soweit: Hasso schlüpfte ungebürstet und mit ungeputzten Zähnen, trotz Nieselregens auch ohne seine schöne grüne Decke, auf Nimmerwiedersehen in die Freiheit! Leider allerdings auch ohne Frühstück.

Diesmal lief er in eine andere Richtung davon. Er rannte mit großer Ausdauer Tag und Nacht. Jetzt war er groß und stark, und er hatte andere Kraft in den Beinen als in seinen Hungerzeiten. Wenn er seinen Magen spürte, sah er sich nach Abfällen um, die er in Mülltonnen entdeckte. Für seinen Durst suchte er sich wie früher Regenpfützen oder Bäche. Er hatte zwar keine grüne Wolldecke, keine geputzten Zähne, er war wieder einmal struppig, aber - er war glücklich!

Nach drei Tagen kam er wieder in die Heide. Seine Pfoten bluteten an mehreren Stellen, doch er achtete kaum darauf. Ab und zu leckte er sie und dachte nicht weiter daran. Von einem Hügel zwischen Wacholderbüschen aus betrachtete er das Land.

Plötzlich hob er schnuppernd den Kopf. Was für ein angenehmer Duft zog ihm da in die Nase? Hasso sog die Luft immer begeisterter ein.

Er erhob sich, trat von einem Vorderbein auf das andere, drehte den erhobenen Kopf nach allen Seiten, und dann stürzte er davon, als wären Verfolger hinter ihm her. Im Zickzack lief er auf eine bestimmte Stelle in der Ferne zu. Manchmal blieb er stehen, hob den Kopf und vergewisserte sich, daß er sich tatsächlich nicht täuschte. Er roch Schafe! Keine Wurst, kein Fleischgericht hätten ihn zu so schnellem Laufen veranlassen können.

Bellend sprang er endlich auf eine Gruppe Schafe zu, die etwas entfernt von der übrigen Herde weidete. Hei, wie er die Ausreißer

vorantrieb! Der Schäfer sah erstaunt, wie Hund und Schafe heranpreschten.

„Sehe ich denn richtig?" murmelte er und strich sich über die Augen. „Ein Hund, und zwar einer, der sein Handwerk versteht. Komm her, Hierher! Ja! Du kommst mir wie gerufen, seitdem der Bello zu alt zum Hüten geworden ist. Sieh, hier liegt er und hat wenig Lust, die Schafe zurückzuholen, die sich von der Herde entfernen. Er hat ja auch schon elf Jahre auf dem Buckel!"

Er klopfte Hasso den Rücken, während sich der andere Hund langsam erhob und Hasso begrüßte. Der Schäfer packte sein Brot aus und fütterte Hasso und seinen Hund. Hasso legte sich zu den beiden, als wäre das ganz selbstverständlich. Er hatte sein Ziel erreicht, nun konnte endlich wieder das herrliche freie Hüteleben beginnen.

Der Schäfer strich ihm das zottige Fell aus den Augen und sagte: „Na, Strupps, bleibst du bei uns?"

Strupps horchte auf. Nach langer Zeit hörte er endlich wieder seinen altvertrauten Namen! Er stieß seinen Kopf an den Jackenärmel des Schäfers und leckte ihm begeistert die Hand, und das sollte heißen: Ja, ich bleibe hier!

So war aus dem Hütehund Strupps, dem abgemagerten Ajax, dem gefangenen Nero und dem verwöhnten Hasso wieder der glückliche Hütehund Strupps geworden.